Written by

• • • • • • • • • •

Let's begin

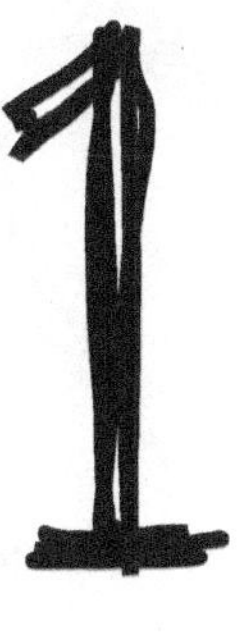

2

3

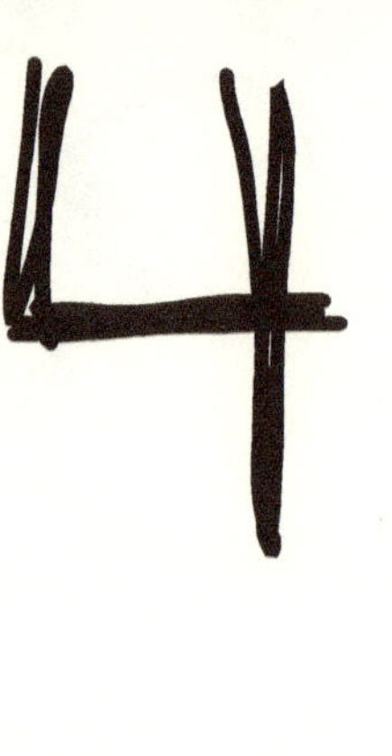

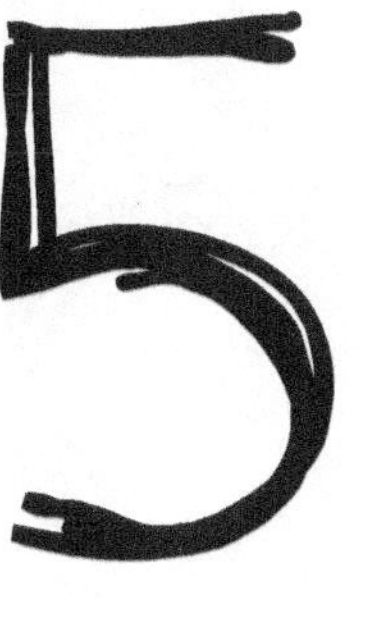

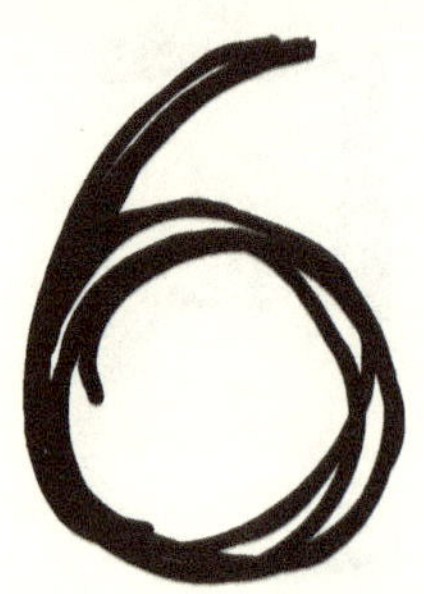

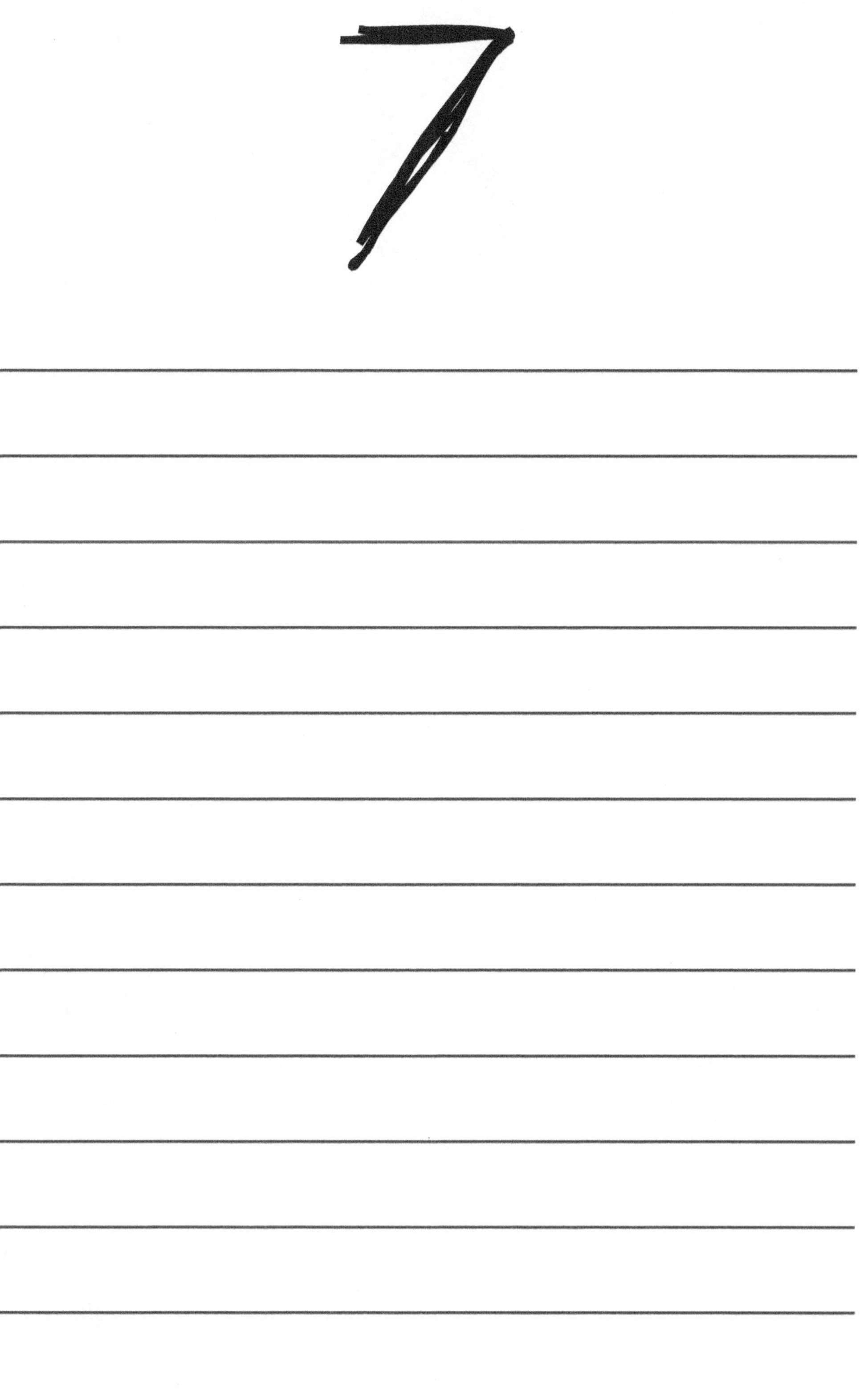

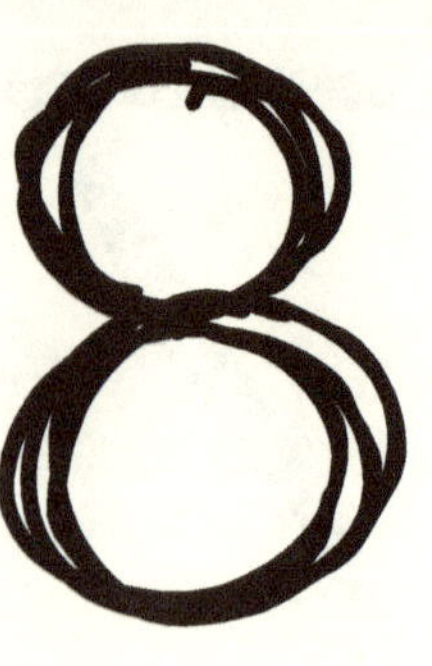

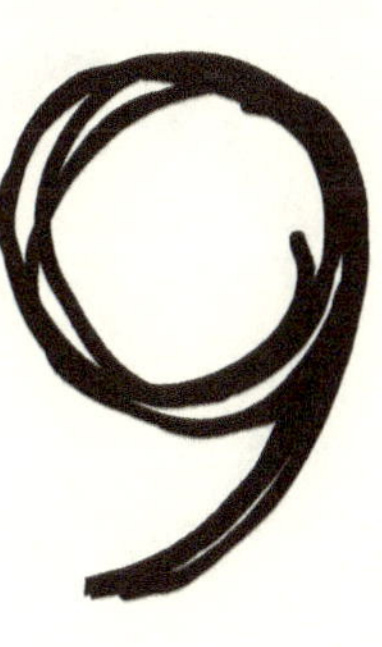

10

11

12

13

14

15

16

17

18

19

20

21

22

23

24

25

26

27

28

29

30

31

32

33

35

36

37

39

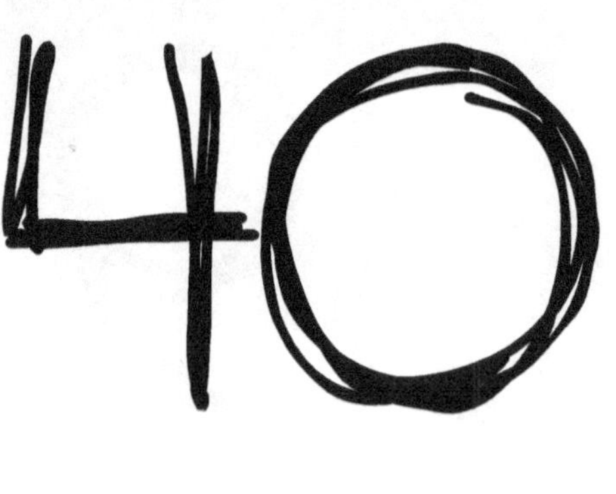

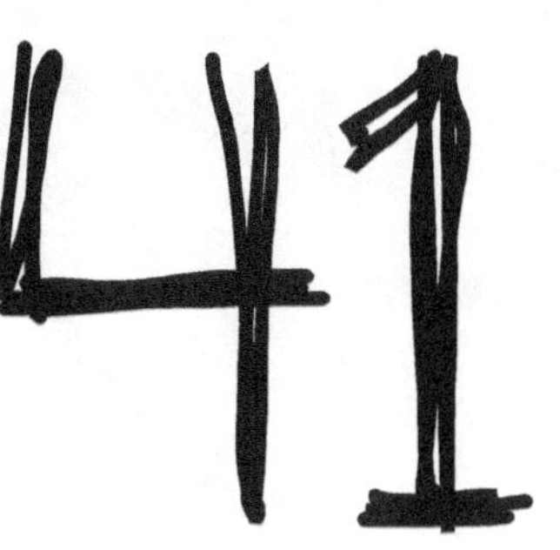

42

43

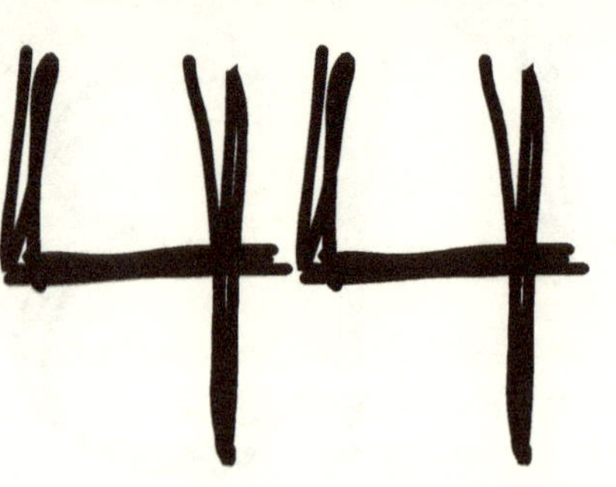

45

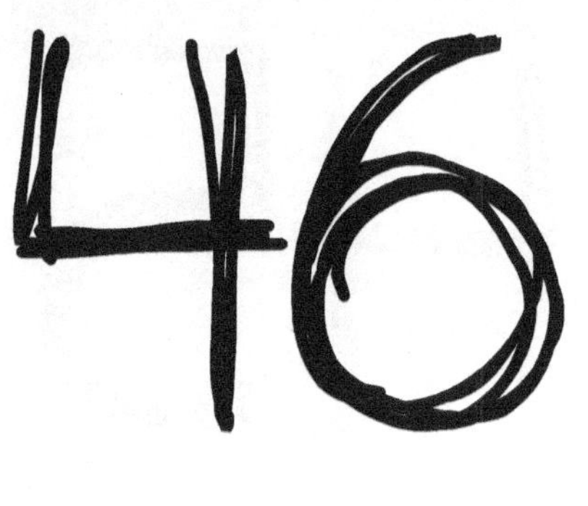

47

48

49

50